Anonymous

Fibel für die katholischen Volksschulen

Anonymous

Fibel für die katholischen Volksschulen

ISBN/EAN: 9783744657808

Hergestellt in Europa, USA, Kanada, Australien, Japan

Cover: Foto ©Paul-Georg Meister /pixelio.de

Weitere Bücher finden Sie auf **www.hansebooks.com**

Fibel

für die

katholischen Volksschulen.

Preis, in Leinwandrücken, 16 Neukreuzer.

Wien.
Im k. k. Schulbücher-Verlage.
1870.

Die in einem k. k. Schulbücher-Verlage herausgegebenen Schulbücher dürfen nicht um höhere als die auf dem Titelblatte angegebenen Preise verkauft werden.

1.

i u e

u e i   e u i   i u e
e i u   u i e.

2.

o a

e u o i a i o e u a
i u e o i u e o a.

3.

a i   e i   a u

o ai u ei e i a au
ei o u e ei.

4.

ä ö ü
äu eu

a e ä o ö ü u i ü
au äu ei eu.

5.

n

an, in, ei, ei ne, ein, nen,
ei ne nen e, ei nen nen en, in,
ein, nein! nen, nenn, nun.

6.

m

an, am, in, im, um, mai, in
ein, mei ne, mein, in mein, an
mei ne, man, na men, a men.

7.

r

er, eu er, eu e re, eu re, ein ei, ei er, ei ne neu e, ei ner neu en, ein neu er, ei ne rei ne, ein rei ner, rein.

mir, nur, ar me, arm, ein arm, mein arm, ei ne mau er, ein mau rer, mau ern, räu me, raum, rö mer, rom, ein ei mer, ein rain.

8.

v

von, vor, vom, im mai, neu, neun, nein! mein, rein, ei er,

neu er, mei er, von mir, vor mir.

vor, vorn, arm, ein arm, mein arm, mei ne ar me, mei nem ar me, mei nen ar men, vor ei ner mau er.

9.

w

wo? wer? wem? wen? wa rum? wo rin? wir, war, wei nen, wein, wür mer, wurm.

wir wa ren arm. mir war warm. mir war wär mer. wem war wär mer? wer war är mer?

10.

l

lau, lei er, ein lö we, ei ne lö win, ei ner lei, lei men, leim, lein.

ein mal, ei ne wei le, ei ne ul me, ei ne er le, ei le! ei ne mei le, ein mei ler, ei ne eu le. wir ei len. wir ler nen. wir räu men ein. wir mei nen. wir lei men. ler ne!

11.

b

ab, a ber, ob, o ber, o ben, e ber, e ben, ü ber, bau en, ein bau er, ei ne bäu e rin.

ein bein, ein beil, a ber ei ne
beu le, ne ben, we ben, re be,
ne bel, ein we ber, wei ber,
ein weib, lein we ber.

im lau be, laub, rau ben, ein
räu ber, bei mir, vor ei nem
bau me, ü ber mir, von ei nem
ra ben, in ei ner lau be. wir
le ben. wir lo ben. wir ü ben.
wir blei ben.

12.

d

du, da, dein, dei ne, dir, der
rei ne wein, der dau men,
bei de dau men.

ei ne na del, der mund, der
bo den, o ben, dro ben, ü ber,

drü ben, drum, dau ern, dorn,
rä der, ein rad, ba den, bä der,
ein bad, re de!

wer war da bei? du o der dein
bru der o der ein an de rer?
um dei nen bru der wä re mir
leid! blei be bei mir!

13.

t

to ben, tau be, taub, töd ten,
der tod, rü be, trüb, rei ben,
trei ben, weit und breit. ler=
net er? lär met er? wa ren
wir da bei? leu te re den.
bo ten wan dern.

ei let wei ter! re de dort! dort
wä re der ort. be te und ar=

bei te! er re de te nur ein
wort.

war der win ter warm, wird
der bau er arm.

14.
ſ S

ein band von ſei de, bun te
bän der, ein ſol dat mit dem
ſä bel, ſil ber und blei, ſand
und mör tel, an dei ner ſei te,
ei ſen in der er de.

er rei ſet wei ter. er re det
lei ſe. wir re den laut. er
wan dert mei len weit. ei le
mit wei le!

in den bäu men ſau ſet der
wind. le ſet wei ter, a ber laut!

wir la sen. er las. aber was?
er las das wort. aber wie?
er las es lei se. wir la sen es
laut. erb sen und lin sen, ro sen
und rös lein, ei ne maus und
ein mäus lein.

15.

f (v)

ein fa den in der na del, ein lau es
bad, ein lin der wind, ein fau ler
bu be, wer fei let das ei sen? die
bir nen fau len bald. der bau er
ar bei tet auf dem fel de.

wer lo bet fau le leu te? nie mand.
wer ru fet dort? wir ru fen laut.
wa rum lau fen wir? die luft ist
rein. der maul wurf wirft er de
auf, ei let vor aus! er lau fet auf
und da von.

was duf tet da? die ro se duf tet.
was säu selt da? die luft säu selt.
was sau set da? der wind sau set.
was tö net da? die flö te tö net.
die flö te tö net lei se o der laut.

16.

h

ha ha! ho ho! hut und hau be,
ha fer und heu, he da! wer ru fet?
der va ter ruft. wen ruft der
va ter? er ruft den hund. wo ist
der hund? her ein! lauf hin aus,
und ruf den hund! der hund hü tet
haus und hof.

roh, rauh, nah und fern, ro hes
ei sen, ein na hes haus, ei ne rau he
haut, ei ne rei he bäu me.

sie nä het. wo mit näht sie? mit der
na del. die ro se blü het. die ro se
ver blüht. o weh! er wei net.

wa rum weint er? sei froh und mun ter!

ein ho hes thor, der o fen von thon. thei le das brot! hilf in der noth! wer bö ses thut, den mei de! mei de den bö sen! wir ath men luft ein. wir ath men luft aus.

17.

J g

ja und nein, jung und alt, je län ger je lie ber.

wer je den tag was gu tes ler nen mag, für den ist lang ge nug ein je der tag.

der jä ger lag im grü nen gras, im fel de lag der jun ge has'; dem jä ger war die wei le lang, dem ha sen war um's le ben bang.

18.
k ch

kai ſer und kö nig, ku gel und ke gel,
korn und kern, der herd in der
kü che, die ei chen und bu chen, die
bir ken und lär chen, ein ha ken
in der wand, der korb und das
körb chen.

reich o der arm, kalt o der warm.
ein fro hes kind lacht, trau ri ge
kin der wei nen. ich möch te nicht
krank ſein. der kna be ge hor chet
gern. das mäd chen ge horcht auch
gern.

19.
ſch ß

ſchau dich um! ſchau die din ge
gut an! ſcha de nie man dem!
be ſchä di ge nichts! ſcho ne die
klei der! hal te dei ne wä ſche rein!

ti sche und bän ke, fi sche und frösche, fri sche fi sche, gu te fi sche. aus dem bu sche fliegt der vo gel, husch husch! durch die bü sche rau schet der bach. im ba che re get sich frisch der fisch. am ba che lau schet auch der frosch. wa rum lau schet der frosch? was möch te der frosch gern ha schen?

weiß, ei ne wei ße wand, heiß, ein hei ßer tag, flei ßig, ein flei ßi ger schü ler, wie hei ßet er? der bru der ließ dich grü ßen. ließ er mich grü ßen? rei ßen und bei ßen, rei sen und wei sen, mäu se und mei sen, heiß und hei ßer.

die blu me duf tet. ich rie che den duft. ich muß nie sen. wir ge nie ßen täg lich un ser brot. wer hat es uns ge ge ben? das korn schie ßet in hal me. wer ließ das korn wachſen? wer ließ es grünen? wer gießt den regen auf das feld? wer ließ die winde wehen?

20

ſt z

aſt und zweig. zuerſt denke, nachher rede! der erſte fürſt von öſterreich liegt in mölk begraben. koſte den moſt! iſt er nicht ſüß? bringe die bürſte! bürſte dich rein! der bürſtenbinder füget die borſten in die bürſte. wer gibt die borſten her? kauſet würſte, gute würſte! manches obſt wird früh reif. welches obſt wird am früheſten reif? die kirſchen? die birnen? die zwetſchken?

ſteh feſt! es iſt finſter. ich ſehe keine ſterne. ſtoßet euch nicht an den ſteinen! greife nach dem ſtabe! ſteige rüſtig weiter! der

berg ist steil. ver stehst du mich?
hat mich je der ver stan den? ein
schma ler steg, ei ne brei te stie ge.
es ist kalt. hei zet ein! es wird
dun kel. zün det ein licht an! zie het
eu re klei der aus! le get euch
nie der! es ist zeit zum schla fen.
a ber be tet zu vor!
rei ne zäh ne zie ren den mund.
hal te dei ne zäh ne rein! ein rei ner
zahn wird nicht leicht krank. ein
kran ker zahn macht schmerz. ein
kran ker zahn darf nicht im mun de
blei ben. der arzt zieht ihn mit der
zan ge her aus. das macht auch
schmerz.

21.
p qu

pu del und mops, pul ver und blei.
was pol tert und po chet im
höl zer nen haus? es dre schen die
dre scher das körn lein aus.

Fibel.

wer von euch hat schon einen wiedhopf gesehen? das ist ein prächtiger vogel. er hat einen gelben schopf auf dem kopfe. den schopf breitet er aus wie einen fächer. im frühling hüpfet er auf den wiesen herum. er suchet würmer und käfer. er findet mancherlei für den schnabel. im herbste ziehet er fort.

der knecht spaltet holz. da fliegen die späne weg. der specht pochet an den baum. was mag er suchen? der hund spüret das wild. er lauft der spur nach. geh nicht zu spät in die schule! du störest den unterricht.

der frosch quaket. frösche quaken. quäle nie ein thier! das thier empfindet schmerz wie du.

in kirchen und gängen besteht der

fuß bo den oft aus qua der stei nen.
der rauch ist dicht. ein dich ter rauch
heißt qualm. aus dem rauch fan ge
steigt der qualm em por.

22.

Adolf	Eduard
Adelheid	Ernestine
Ignaz	Oskar
Ida	Ottilie
	Ulrich
	Ursula

Leopold	Norbert
Luise	Notburga
Moriz	Rudolf
Margareta	Rosa

Bruno   Peter
Berta   Pauline
Wolfgang   Veit
Wilhelmine   Viktoria

Friedrich
Franziska

Dietrich   Theodor
Dorothea   Thekla

Siegmund
Sabine

Georg   Karl
Gertrud   Klara

Heinrich   Josef
Hedwig   Julie

Christof
Christine

Ä Ö Ü Q Y Z.

23.
mm ll nn rr

Hammer, Himmel, krumm, glimmen, Schwamm, schwimmen, Schramme, Damm, dumm, stumm, fromm.

Ball, hallen, hell, brüllen, knallen, Stall, fallen, Galle, rollen, voll, toll.

Henne, sinnen, rennen, rinnen, dünn, Männer, Kanne, gewinnen, trennen, Sonne, brennen.

Herr, dürr, zerren, klirren, murren, irren, scharren, harren, starr, knarren, verwirren.

24.
ff pp tt ff (ß)

Die Hunde bellen. Die Affen klettern. Der Storch klappert. Womit klappert der Storch? Der Storch klappert mit dem Schnabel. Die Butter ist gelb. Der Dotter ist gelb. Woher kommt die Butter? Wo findest du den Dotter? Ich wasche die Wäsche. Ich brauche Wasser, einen Krug voll, eine Kanne voll, ein Schaff voll.

Du bist nass. Hast du Wasser verschüttet? Wer nicht arbeitet, der soll auch nicht essen. Nicht alle Schwämme sind essbar. Gib Acht, dass du keinen giftigen Schwamm issest! Die Nuss ist braun. Die Schale ist grün. Die Nüsse sind süß. Die Schalen sind bitter. Ist der Essig auch bitter? Kennest du den Eppich? Der Eppich ist eine Pflanze. Er heißet auch Efeu. Er hat glatte grüne Blätter. Er klettert an den Bäumen hinan. Er schlinget sich um Bäume herum.

Gott ist der Vater aller Menschen. Gott ist der Herr aller Geschöpfe. Er hat alles erschaffen. Himmel und Erde sind voll von Gottes Herrlichkeit.

25.
ck (ck) ß (ß)

Die Peitsche knallt: klick klack, klick flack! Sie reisen fort mit Sack und Pack. Glück auf die Reise!

Wir sitzen so fröhlich beisammen! Wir haben einander so lieb. Ach, wenn es nur immer so blieb'!

Es ist heiß. Die Hitze drückt. Die Hitze treibt den Schweiß heraus. Wir schwitzen. Wolken bedecken den Himmel. Die Wolken sind dunkel. Es kommt ein Gewitter. Blitze zucken. Der Donner rollet. Der Blitz kann treffen. Der Blitz kann zünden. Die Spitze des Turmes trifft er leicht. Die Eiche ist groß. Er kann sie niederstrecken. Die Tanne ist schlank und fest. Er kann sie zersplittern. Der Fels ist starr und hart. Er kann ihn zertrümmern. Ich zittere nicht vor Donner und Blitz. Mich schützet Gott. Er hat mich erschaffen. Ich bin sein Kind. Ich will fromm sein und fleißig und folgsam. Gott schützet mich. Er ist allmächtig. Was er will, geschieht. Er will es. Der Donner verstummet. Er gebietet es. Der Blitz erbleicht. Die Wolken zerreißen. Die Sonne blicket wieder hervor.

26.

aa ee

Der Aal ist ein Fisch. Er ist glatt und schlüpfrig. Er ist einer Schlange ähnlich. Aber der Aal hat Flossen. Die Schlange hat keine Flossen.

Der Adler ist ein großer Vogel. Er heißet auch Aar. Der Aar frißt andere Vögel. Er raubet sie. Er ist ein Raubvogel.

Manche Raubvögel nähren sich von Aas. Was ist Aas? Wenn ein Thier todt ist, so faulet sein Fleisch. Dieses faulende Fleisch nennet man Aas.

Im Frühlinge ist das Feld grün. Das Getraide sprießet hervor. Der Landmann hat es gesäet. Es ist seine Saat. Die Saat ist grün.

Du bist jung. Deine Haare sind blond oder braun. Du wirst alt werden. Deine Haare werden grau oder weiß werden.

Ein Mann kauft Dinge ein. Er verkauft die Dinge wieder. Er ist ein Kaufmann. Die Dinge sind seine Waaren. Der Kaufmann kauft Waaren. Der Kaufmann verkauft Waaren.

Ein Paar fleißige Hände bei der Arbeit sind besser als baares Geld im Kasten.

Die Häuser stehen auf festem Boden. Wir gehen auf trockenem Lande. Nicht überall ist trockenes Land. Ein großes Wasser umgibt die Erde. Das große Wasser heißt Meer. In das Meer laufen die Flüsse. In dem Meere schwimmen große Fische. Das Wasser im Meere ist salzig. Das Wasser in den Flüssen ist nicht salzig. Das Meerwasser kann man nicht trinken. Kann man das Flußwasser auch nicht trinken?

Der See ist auch ein großes Wasser. Das Meer ist größer als der See.

Kennet ihr den Klee? Wer von euch hat schon Klee gesehen?

Es schneiet. Was fällt aus der Luft herab? Zu welcher Zeit fällt Schnee?

Hat einer von euch schon Thee getrunken? war er süß oder bitter?

Du bist hungerig. Warum? Dein Magen ist leer. Du bist satt. Dein Magen ist voll.

Die Beere ist eine Frucht. Es gibt

süße, saftige Beeren. Die Erdbeeren wachsen auf sonnigen Plätzen im Walde. Kennst du noch andere Beeren?

ie

Liebet den Frieden! Das Wasser rieselt über die Wiese. Lieder erschallen wieder im Walde. Wer singt die Lieder? — Der Jäger gieng in den Wald; er fieng den Vogel; der Vogel hieng in der Schlinge.

27.

ah eh oh uh üh äh öh

Die Ahle ist eine Nadel. Der Schuster braucht sie. Der Mahler mahlt das Bild. Der Müller mahlt das Mehl. Wo mahlt der Müller das Mehl? In der Mühle.

Kohlen sind schwarz. Dohlen sind auch schwarz.

Es kommt der Herbst. Es wird kühl. Am Abend und am Morgen fühlen wir, daß es kühl wird.

Hier sind mehrere Aepfel. Zähle

sie! Hier ist ein großer und ein kleiner.
Wähle zwischen beiden!

Zuerst denke, dann rede! Gewöhne dich daran. Das ist eine schöne Gewohnheit.

Ihm, ihr, ihn, ihren, ihnen.

28.

th

Der Kopf ist ein Theil des Leibes. Thür und Thor sind Theile des Hauses.

Heute roth, morgen todt.

Vor der That hör' guten Rath! Vor gethan und nach bedacht, hat manchem schon groß Leid gebracht.

29.

a ä b ch d e f g h i j k l m n o ö
p qu r ſ (s) ß sch t u ü v w x y z.

30.

Agram, Erlau, Innsbruck, Olmütz, Udine, Ä, Ödenburg, Ü, Mitrowitz, Neustadt, Laibach, Lemberg, Linz, Brünn, Prag, Pest, Wien, Roveredo, Villach, Graz, Troppau, Triest, Salzburg, Debrecin, Feldkirch, Chrudim, Josefstadt, Schwaz, Cilli, Krakau, Hermannstadt, Zara, Q, X, Y.

Leseübungen.

31.

Wie viel Thüren sind in der Schule? Zählet laut! Wie viel Fenster sind hier? Ich habe einen Kopf, zwei Augen, zwei Ohren, zwei Arme, zwei Hände, zwei Füße. Wie viel Finger sind an jeder Hand? Wie viel Zehen sind an jedem Fuße? Wie viel Finger sind an beiden Händen? Wie viel Zehen sind an beiden Füßen? Der Vogel hat zwei Füße. Das Pferd geht auf vier Füßen.

Die Fliege hat sechs Füße. Der Krebs hat acht Füße, und zwei Scheren, mit denen er zwicken kann. Die Schlangen haben keine Füße.

Die Woche hat sieben Tage. Wie heißt der erste, der zweite, der dritte, der vierte, der fünfte, der sechste, der siebente?

32.

Das Blut ist roth. Die Lippe ist roth. Die Kornblume ist blau. Wie ist das Veilchen? Die Haselnuss ist braun. Das Nussbaumholz ist braun. Das Gold ist gelb. Was ist noch g e l b? Das Gras ist g r ü n. Wie ist das Blatt? Was ist noch g r ü n? Der Rabe ist s c h w a r z. Was ist noch s c h w a r z? Die Maus ist g r au. Was ist noch g r a u? Der Schnee ist w e i ß. Nennet mir drei Dinge, die w e i ß sind! Wie sind die Rosen? Wie sind die Kirschen? Wie sind die Haare? Wie sind die Dächer? Die Menschen sind w e i ß oder s c h w a r z oder b r a u n oder g e l b.

33.

Die Kugel ist rund. Was ist noch rund? Der Tisch ist eckig. Was ist noch eckig? Der Stock ist gerade; das Horn ist krumm. Die Nadel ist spitzig; der Fingerhut ist stumpf.

Der Tisch kann rund sein; er kann aber auch eckig sein. Die Stämme sind gerade; wie können sie noch sein? Das Messer ist spitzig; wie kann es noch sein?

34.

Die Butter ist w e i c h; der Stein ist h a r t. Das Gold ist s c h w e r; die Wolle ist l e i c h t. Die Rinde ist r a u h; die Fensterscheibe ist g l a t t. Das Mühlrad wird n a s s; der Mühlstein bleibt tro cke n. Der Schnee ist k a l t; die Hand ist w a r m.

Das Eis ist g l a t t und k a l t und h a r t. Der Schnee ist w e i ß und w e i c h und k a l t. Die Rinde ist b r a u n und r a u h und tro ck en. Das Eisen ist g r a u; wie ist es noch? Die Suppe ist h e i ß; wie kann sie noch sein? Die Feder ist l e i c h t; wie ist sie noch? Das Moos ist w e i c h; wie ist es noch?

35.

Ist die Milch roth? Nein, die Milch ist weiß. Ist das Stroh gelb? Ja, das

Stroh ist gelb. Ist die Butter weich? Ist der Schnee warm? Ist der Apfel eckig? Wie sind die Erdbeeren? Wie ist das Eis? Wie ist das Schreibpapier? Die Rosen sind wohlriechend. Was ist noch wohlriechend? Der Schwefel ist übelriechend. Der reife Apfel ist schmackhaft; der unreife Apfel ist unschmackhaft.

36.

Die Fensterscheibe ist durchsichtig; das Holz ist undurchsichtig. Der Tag ist hell; die Nacht ist dunkel. Das Quellwasser ist klar; die Pfütze ist trüb. Das Gold ist glänzend; das Blei ist matt. Der Pfau ist schön; das Schwein ist garstig. Der Ochs ist groß; die Maus ist klein. Der Rechen ist lang; der Kamm ist kurz. Die Straße ist breit; der Fußweg ist schmal. Die Brücke ist breit; der Steg ist schmal. Der Fluss ist tief; der Bach ist seicht.

Der Turm ist **hoch**; die Hütte ist **niedrig**. Die Eiche ist **hoch**; der Strauch ist **niedrig**.

37.

Die Stricke sind **dick**; die Fäden sind **dünn**. Die Schweinsborsten sind **grob**; die Hasenhaare sind **fein**. Die Weidenruthen sind **biegsam**; die Holunderzweige sind **spröde**. Das Leder ist **biegsam**; die Kreide ist **spröde**. Die Milch ist **flüssig**; der Käse ist **fest**. Der Grashalm ist **saftig**; der Strohhalm ist **dürr**. Der Greis ist **alt**; der Knabe ist **jung**. Das Glas ist **rein** oder **unrein**. Die Katze ist **reinlich**; das Schwein ist **unreinlich** (schmutzig). Das Hirschleder ist **stark**; das Schafleder ist **schwach**.

Nenne drei Thiere, die **schnell** sind. Nenne ein Thier, das **langsam** ist. Nenne drei Thiere, welche **wild** sind: drei Thiere, die **zahm** sind. Der Mar=

der ist grausam; das Schaf ist sanft. Das Pferd ist muthig; der Hase ist furchtsam. Sind die Raupen schädlich? warum?

38.

Ich lese, wir lernen. Wir hören, wir sehen, wir athmen, wir sprechen, wir denken. Wir thun etwas. Wir können sehr viel thun. Wir sollen aber nur Gutes thun. Der Lehrer lehrt. Die Schüler lernen. Der Bäcker backt. Die Köchin und der Koch kochen. Der Fischer fängt Fische. Der Jäger jagt. Der Hund bellt. Der Ochs brüllt. Der Hahn kräht. Die Henne gackert. Die Henne gluckt. Die Gans schnattert. Das Pferd wiehert, es läuft, es zieht den Wagen, es trägt den Reiter, es frisst Heu, es liegt, es schläft. Der Vogel fliegt. Der Fisch schwimmt. Der Wurm kriecht. Der Baum wächst. Die Blume blüht. Das Wasser fließt.

Der Vater rief: Heinrich und Alois, wo seid ihr? Wir sind im Garten! Was macht der Alois dort? Er hilft mir. Was machst du? Ich mache nichts.

Sagt, was thaten die beiden Knaben? Sie thaten nichts; sie waren müßig. Wie viel gibt es im Garten zu sehen und zu thun! hätten sie nicht die Zeit benützen können? Müßiggang steht einem Kinde übel an. Müßiggang ist des Bösen Anfang.

Der Tisch wird **gemacht**. Das Haus wird **gebaut**. Die Steine werden **gebrochen**. Die Ziegel werden **gebrannt**. Das Haus wird **bewohnt**. Die Geräthe werden **verfertigt**. Die Speisen werden **gekocht**. Die Kleider werden **angezogen**. Die Kinder werden **erzogen**. Das kleine Kind wird **gewaschen**, es wird **angekleidet**, es wird **ausgezogen**, es wird **genährt**, es wird **schlafen gelegt**. Die guten Kinder werden **belohnt**. Die bösen Kinder werden **bestraft**.

39.

Der Hirſch läuft ſchnell. Der Hahn krläht laut. Der Schüler lernt, wie? Die

Glocke tönt, wie? Der Ton klingt, wie? Was duftet lieblich? Wer springt hoch? Wer gehorcht gern? Lies laut! Leset deutlich! Leset schön! Rede wahr! Der Hase lief links; der Jäger schoß rechts. Wird der Jäger den Hasen getroffen haben? Der Hund sprang seitwärts. Der Krebs geht rückwärts. Der Fleißige kommt vorwärts. Werdet immer besser! Des Morgens ist es kühl. Wann ist es warm? Wird es heute regnen? Hat es gestern geregnet? Was ist im Zimmer oben? was ist im Zimmer unten? Lüget nie! Die Lüge ist ein böser Samen, aus dem nie gute Früchte kamen.

40.

Karl konnte nicht ausgehen, warum? Der Bauer konnte nicht ackern, warum? Der Schüler wurde bestraft, warum? Das Haus mußte niedergerissen werden, warum? Die Mutter bindet eine Schürze um, warum? Die Leute gehen in die Kirche, warum?

Die Feder ist da, wozu? Das Buch ist da, wozu? Der Stuhl steht da, wozu? Man braucht das Holz, wozu? Man backt das Brot, wozu? Das Wasser wird gebraucht, wozu? Wozu dienen die Kleider? Wozu benützt man das Mehl? Wozu nützen die Katzen? Wozu braucht man den Schlüssel?

41.

Gott hat den Himmel und die Erde, die Sonne, den Mond und die Sterne erschaffen. Auch die Berge und Thäler, die Flüsse und Bäche, die Wälder und Wiesen und fruchtbaren Äcker sind Werke Gottes.

Der liebe Gott gibt uns Sonnenschein und Regen, Tag und Nacht, Aussaat und Ärnte, Speise und Trank. Wir nennen Gott den Ärntevater, den Freudengeber, den Menschennährer.

Die Himmel erzählen die Herrlichkeit Gottes, und das Firmament verkündigt das Werk seiner Hände.

42.

Aus dem Munde der Kleinen hat sich der Herr sein Lob bereitet. Gute Kinder beten gern. Der zwölfjährige Jesus gieng mit seinen Ältern in den Tempel. Gute Kinder gehen mit ihren Ältern gern in die Kirche. Der liebe Heiland segnete die Kinder, deren Engel allezeit das Angesicht des himmlischen Vaters schauen.

Über ein gutes Kind hat der heilige Schutzengel Freude; über ein böses Kind weint er.

Engel Gottes, Hüter mein, lass mich dir befohlen sein. Leite mich, dass hier auf Erden ich ein gutes Kind mag werden; führe mich an deiner Hand in das himmlische Vaterland!

Stoff zur Anschauung.

1. Das Buch, die Tafel, das Papier, die Tinte, die Feder, der Griffel, der Bleistift, die Kreide, das Richtscheit (Lineal).

2. Der Tisch, der Sessel, der Stuhl, die Bank, der Schämel, der Kasten, der Spiegel, die Bettstatt.

3. Die Wand, die Decke, der Boden, die Schwelle, das Gesimse, der Ofen, das Fenster, die Thür.

4. Die Stube (das Zimmer), die Kammer, die Küche, der Keller, die Treppe (die Stiege), der Gang, der Boden, das Dach, der Rauchfang (der Schornstein).

5. Das Messer, die Schere, die Nadel, die Säge, das Beil, der Hammer, der Hobel, die Hacke, der Bohrer, die Schaufel, die Zange.

6. Der Rock, die Hosen (das Beinkleid), die Weste, der Hut, die Haube, die Kappe, das Hals=

tuch, die Halsbinde, das Hemd, das Kleid, die Schürze, der Mantel, der Schuh, der Stiefel, der Strumpf, der Handschuh.

7. Brot, Suppe, Fleisch, Gemüse, Butter, Käse, Obst, Kuchen, Erdäpfel.

8. Wasser, Milch, Thee, Bier, Most, Wein, Kaffee.

9. Schüsseln, Teller, Flaschen, Gläser, Töpfe, Krüge, Kannen, Messer, Gabeln, Löffel, Schalen.

10. Ein Kind, ein Knabe, ein Mädchen, ein Jüngling, eine Jungfrau, ein Mann, ein Weib, ein Greis, ein Mütterchen, ein Herr, eine Frau.

11. Der Vater, die Mutter, der Sohn, die Tochter, der Großvater, die Großmutter, der Enkel, die Enkelin, der Bruder, die Schwester.

12. Der Bauer, der Priester, der Lehrer, der Arzt, der Richter, der Kaufmann, der Krieger (Soldat), der Handwerksmann, der Fuhrmann, der Schiffmann, der Hirt, der Taglöhner, der Knecht.

13. Der Hund, die Katze, die Kuh, der Ochs, das Pferd, der Esel, das Schaf, die Ziege, das Schwein, der Hahn, die Henne, das Huhn, die Gans, die Ente, die Taube, der Truthahn, der Pfau.

14. Der Baum, der Strauch, das Getraide, das Gras, das Kraut, der Schwamm, das Moos, die Flechte, der Schimmel.

15. Stein, Holz, Silber, Gold, Eisen, Thonerde, Wolle, Flachs, Hanf, Seide.

16. Der Müller, der Bäcker, der Fleischer, der Schuster, der Schneider, der Maurer, der Zimmermann, der Tischler (Schreiner), der Schmied, der Schlosser, der Glaser, der Töpfer (Hafner), der Wagner, der Sattler, der Weber, der Färber, der Faßbinder (Küfer), der Steinmetz.

17. Der Hirsch, das Reh, der Hase, das Eichorn, der Igel, die Maus, der Dachs, der Elefant, der Affe.

18. Die Eiche, die Linde, die Buche, der Ahorn, die Birke, die Pappel, die Weide, die Erle, der

Kastanienbaum, die Fichte, die Föhre (Kiefer), die Tanne, die Lärche, der Apfelbaum, der Birnbaum, der Nußbaum, der Pflaumenbaum, der Kirschbaum.

19. Der Marder, der Iltis, der Fuchs, der Wolf, der Bär, der Luchs, der Löwe, der Tieger.

20. Der Salat, der Kohl, der Blumenkohl, die Kohlrübe, die Bohne, der Rettich, die Gurke, die Erbse, die Linse, die Möhre, die Zwiebel, der Schnittlauch.

21. Das Haus, die Kirche, das Schloß, die Scheune, das Dorf, der Marktflecken, die Stadt.

22. Der Sperling (Spatz), der Fink, die Lerche, die Schwalbe, die Meise, die Amsel, der Rabe, der Geier, der Adler, die Eule.

23. Der Weizen, das Korn (der Roggen), die Gerste, der Hafer, der Mais (Wälschkorn. Kukuruz), der Buchweizen (Heiden), der Hirse, der Erdapfel (Kartoffel, Grundbirn), der Lein, der Hanf, die Rübe.

24. Der Pflug, die Egge, der Rechen, die Sichel, die Sense, die Hacke, die Schaufel, der Wagen.

25. Der Kopf, die Gliedmaßen, der Rumpf. Der Scheitel, die Stirne, die Augen, die Ohren, die Nase, die Wangen, der Mund, das Kinn.

26. Der Frosch, die Kröte, die Eidechse, die Schlange, der Molch, die Schildkröte, das Krokodil.

27. Die Forelle, der Karpfen, der Hecht, der Lachs, der Häring, die Sardelle.

28. Der Apfel, die Birne, die Zwetschke, die Pflaume, die Kirsche, die Weichsel, der Pfirsich, die Aprikose (Marille), die Nuß, die Mandel, die Pomeranze, die Kastanie.

29. Die Weinbeere, die Johannisbeere, die Himbeere, die Heidelbeere, die Haselnuß, die Schlehe, die Hagebutte, die Erdbeere.

30. Der Berg, das Thal, die Wiese, der Acker, der Garten, der Wald, der Bach, der Fluß, der Teich, der See, die Straße.

31. Die Fliege, die Biene, der Schmetterling, der Maikäfer, die Raupe, die Spinne, die Ameise, der Krebs. — Die Schnecke, das Muschelthier, der Wurm.

32. Die Rose, die Nelke, die Lilie, das Veilchen, die Schlüsselblume (Himmelsschlüssel), die Glockenblume, das Vergißmeinnicht, die Kornblume.

33. Die Erde, die Sonne, der Mond, die Sterne.

34. Das Horn, der Flügel, die Klaue, die Kralle, der Huf, die Flosse, das Maul, der Schnabel, der Schweif.

35. Der Stamm, der Ast, der Zweig, das Blatt, die Blüte, die Frucht, der Same, die Wurzel, der Stängel, der Stiel, der Halm.

36. Der Regen, der Schnee, das Eis, der Hagel, der Blitz, der Donner, die Wolke, der Nebel, der Thau (der Reif), der Regenbogen, der Tag, das Morgenroth, das Abendroth, die Nacht.

37. Die Kirche, der Hochaltar, der Seitenaltar, der Taufstein, der Beichtstuhl, die Kanzel, die Orgel, die Ampel, der Leuchter, das Altarblatt, das Kreuz.

38. Der Gottesdienst, der Priester, die Gemeinde, das heilige Opfer, die Predigt, der Gesang, die Musik, der Weihrauch.

39. Der Turm, die Uhr, der Knopf, das Kreuz, die Glocken (Gebet, Feuersgefahr, Wassernoth, Ankunft, Bischof, Kaiser, König).

40. Der Friedhof (Kirchhof, Gottesacker), das Kreuz, Grabhügel, Denkmäler (Auferstehung, Wiedersehen).

Lesestücke.

1. Ich sehe.

Zwei Augen hab' ich klar und hell, die dreh'n sich nach allen Seiten schnell; die seh'n alle Blumen, Baum und Strauch, und den hohen blauen Himmel auch. Die setzte der liebe Gott mir ein; und was ich kann sehen, ist alles sein.

2. Ich höre.

Zwei Ohren sind mir gewachsen an, womit ich alles hören kann, wenn meine liebe Mutter spricht: Kind, folge mir, und thu das nicht! wenn der Vater ruft: Komm her geschwind! ich habe dich lieb, mein gutes Kind!

3. Ich spreche.

Einen Mund, einen Mund hab' ich auch, davon weiß ich gar guten Gebrauch, kann nach so vielen Dingen fragen; kann alle meine Gedanken sagen; kann lachen und singen, kann beten und loben den lieben Gott im Himmel droben.

4. Ich spiele.

Hier eine Hand, und da eine Hand, die rechte und linke sind sie genannt; fünf Finger an jeder, die greifen und fassen. Jetzt will ich sie noch **spielen** lassen. Doch wenn ich erst groß bin, und was lerne, dann **arbeiten** sie alle auch gar gerne.

5. Ich gehe.

Füße hab' ich, die können steh'n; können zu Vater und Mutter geh'n. Und will es mit dem Laufen und Springen nicht immer so gut, wie ich's möchte, gelingen; thut nichts! Wenn sie nur erst größer sind, dann geht es noch einmal so geschwind.

6. Ich fühle.

Ein Herz, ein Herz hab' ich in der Brust, so klein, und klopft doch so voller Lust, und liebt doch den Vater, die Mutter so sehr. Und wisst ihr, wo ich das Herz hab' her? Das hat mir der liebe **Gott** gegeben, das **Herz** und die **Liebe** und auch das **Leben**.

Stell' himmelwärts, stell' himmelwärts wie eine Sonnenuhr dein Herz. Denn wo das Herz nach Gott gestellt, da geht es mit dem Schlag; da hält es jede Prob' in dieser Zeit, und hält sie bis in Ewigkeit.

7. Sei gehorsam.

An einem heitern Wintertage schaute **Karl** durch das Fenster auf die Wiese, die mit Schnee bedeckt war. Dort trieben sich lustige Knaben herum. Sie zogen ihre Schlitten einen Hügel hinan, setzten sich darauf, und fuhren auf der glatten Schneebahn pfeilgeschwind herunter. Das gefiel ihm sehr, und er wäre gern dabei gewesen. Schnell holte er seinen Schlitten aus der Nebenkammer, und fragte den Vater: Darf ich auf die Schlittenbahn? Nein, antwortete der Vater. Sogleich trug Karl den Schlitten wieder in die Kammer. Nachher setzte er sich zu dem Vater, und sie redeten mit einander. Die Mutter aber brachte einen braunen Saft in einem Fläschchen, goß ihn auf einen Löffel, und sprach zu Karl: Sieh, Karl, diesen Saft schickt dir der Arzt, er soll dir helfen von deinem bösen Husten. Und Karl kostete den Saft. Der war bitter. Karl wendete sich weg, und wollte den Saft nicht trinken. Aber die Mutter blickte ihn ernst an, und sprach: Karl, trinke! Sogleich nahm Karl den Löffel, und schluckte die Arzenei. Und er murrete nicht, sondern blieb freundlich.

Karl war gehorsam gegen Vater und Mutter.

Die Kinder sollen ihren Ältern Gehorsam erweisen.

8. Das Himmelsgewölbe.

Wenn wir über uns sehen, so erblicken wir das schöne blaue Gewölbe, welches wir Himmel nennen. Am Tage sehen wir da die herrlich stralende Sonne, in der Nacht den herrlich leuchtenden Mond und die vielen Sterne.

Die Sonne erleuchtet und erwärmet die Erde. Ohne Licht und Wärme könnten Menschen und Thiere nicht leben und gedeihen. Auch die Pflanzen können das Licht nicht entbehren. Manche Pflanzen wachsen zwar in dunkeln Kellern, aber sie sehen sehr kümmerlich aus, sie blühen nicht und tragen keine Früchte.

Die Zeit, da die Sonne am Himmel steht, heißt Tag. Wenn die Sonne aufgeht, wird es Tag; wenn die Sonne untergeht, wird es Nacht. Wenn die Sonne mitten am Himmel steht, ist es Mittag. Dann schlagen die Uhren zwölf. Wenn die Uhren in der Nacht zwölf schlagen, so ist es Mitternacht. Wie heißen die 4 Tageszeiten? Wann ist Morgen, Mittag, Abend, Mitternacht?

Am Tage arbeiten wir, in der Nacht ruhen wir. Die beste Zeit zum Arbeiten ist der Tag, die beste Zeit zum Ruhen ist die Nacht. Die beste Ruhe ist der Schlaf. Wer fleißig gearbeitet und Gutes gethan hat, der schläft gut.

Gut den Tag vollbracht,
ist so schön die Nacht.
Und gebetet brav,
ist so süß der Schlaf.

9. Sei artig.

Ein fremder Wanderer kam durch ein Dorf. Mehrere Knaben stunden im Wege, und trieben ihr Spiel. Als nun der Fremde näher kam, da wichen die Knaben links und rechts aus, nahmen ihre Mützen ab, und sagten freundlich: Guten Abend! Der Fremde grüßte auch sie mit Freundlichkeit, und als er einige Schritte fortgegangen war, drehte er sich um, und fragte: Welcher Weg führt nach der Stadt? Die Knaben riefen: Der zur rechten Hand. Doch alsbald gieng dem Fremden einer nach, und führte ihn bis zu dem Hügel, wo er ihm den Weg deutlich zeigen konnte.

Das waren artige Knaben. Artigen Kindern ist jedermann gut.

10. Vogel am Fenster.

An das Fenster klopft es: pick, pick! Macht mir doch auf einen Augenblick. Dick fällt der Schnee, der Wind geht kalt; habe kein Futter, erfriere bald. Liebe Leute, o lasst mich ein; will auch immer recht artig sein.

Sie ließen ihn ein in seiner Noth; er suchte sich manches Krümchen Brot, blieb fröhlich manche Woche da. Doch als die Sonne durch's Fenster sah, da saß er immer so traurig dort. Sie machten ihm auf: husch! war er fort.

11. Thue wohl deinem Nächsten.

Albert war von dem Felde heimgekommen. Da erhielt er von der Mutter das Abendbrot; es war ein schönes, weißes Stück. Er gieng hinab in den Hof, und freute sich des Brotes; denn er hatte Hunger. Da kam des armen Nachbars Knabe daher, und blieb vor ihm stehen. Der sah das schöne weiße Brot, und seufzte und sprach: O, meine kranke Schwester hat schon oft um weißes Brot! wir haben keins, und können keins kaufen.

Albert sah den armen Knaben an, und sah wieder auf sein Brot, und brach es in zwei Stücke, und gab das größere Stück dem Knaben. Da nimm, sprach er, und trag's geschwind deiner Schwester hin, und sage, daß ich ihr's herzlich gönne.

Albert handelte **wohlthätig**; er übte **Wohlthätigkeit**.

12. Sei dankbar.

Am Abend saß Anna vor der Thür, und dachte an ihre Ältern. Sie dachte, wie sie von ihnen schon so viel empfangen habe: Speise, Kleider, Bücher; sie dachte, wie die Ältern immer so freundlich und liebreich mit ihr seien. Sie liebte ihre Ältern sehr, und sagte zu sich selbst: Könnte ich ihnen doch auch etwas geben!

Da fiel ihr ein, dass sie vor ein paar Tagen am Saume des Waldes halbreife Erdbeeren gesehen habe. Sie lief zur Mutter hinein in's Haus, und sprach: Liebe Mutter, erlaubst du mir über die Wiese hinüber an den Saum des Waldes zu gehen? Ich will mir nur was holen, und bin gleich wieder da.

Die Mutter erlaubte es, und Anna gieng an den Saum des Waldes, fand die Erdbeeren, die unterdessen groß und roth geworden waren, pflückte sie sammt den Stängeln, und band sie in zwei hübsche Sträußlein zusammen.

Vater und Mutter saßen vor der Hausthür, als Anna mit freudigem Gesicht zurückkam. Sie trat zu ihnen, und sprach leise: Vater, Mutter, ich bring' euch was! und reichte jedem ein Erdbeersträußlein hin. —

Anna war **dankbar** gegen ihre Ältern.

13. Ein dankbarer Sohn.

Martin gieng zu einem Bauern, und fragte ihn, ob er nicht Arbeit bekommen könne, um sich was zu verdienen.

Ja, sagte der Bauer, ich will dir Arbeit geben. Du sollst täglich das Essen bei mir haben, und wenn du fleißig bist, für den ganzen Sommer sechs Gulden Lohn.

Ich will recht fleißig sein, sprach Martin, aber ich bitte dich, gib mir den Lohn am Gelde gleich in jeder Woche. Ich habe zu Hause einen armen Vater, der sich nichts verdienen kann. Ihm möchte ich gern wöchentlich meinen Lohn geben.

Diese kindliche Liebe gefiel dem Bauern sehr. Er willigte gern ein und vermehrte noch den Lohn. Der Sohn aber trug alle Samstage seine Groschen, und was er sonst noch an Brot und Butter seinem Munde abgespart hatte, fleißig seinem Vater nach Hause.

Das war ein guter, dankbarer Sohn!

Tief hast du, Höchster, dein Gebot mir in das Herz geschrieben: den Ältern sollst du bis zum Tod gehorchen und sie lieben. O dieser theuern, süßen Pflicht vergesse meine Seele nicht!

14. Der Bär und die Bienen.
(Ein lustiges Stücklein.)

„Hört ihr da droben? ich bin der Bär! gleich gebet mir euern Honig her! Ich bin so groß, ihr seid so klein; mit euch will ich bald fertig sein!" Und eh die Bienen es sich versah'n, so klettert der Bär den Baum hinan, und klammert sich fest, und brummt und brummt. Das Volk im Stocke das summt und summt.

„Ihr Bienen, gebt mir den Honig her!"
„Ja, morgen, Herr Bär! heut nimmermehr!"
Der Bär steckt schon die Nase hinein. „Weg da, ihr Bienen, der Honig ist mein!"

Da stachen die Bienen frisch darauf los. „Sind wir auch klein, und bist du auch groß, Herr Bär, geh weiter und sieh dich vor, sonst wird es dich jucken in deinem Ohr, und deiner Nase wird's schlimm ergeh'n, wenn du nicht lässest den Honig steh'n!"
Der Bär wird bös. Es hilft ihm nicht. Er knurrt und brummt; hilft alles nicht. Da juckt's auf der Zung', in der Nase, im Ohr; der Bär muß entlaufen, der arme Thor. Die Bienen, die jubelten: „Summ, summ, summ!" Der Bär, der knurrte: „Brumm, brumm, brumm!" Er lief, was er konnte; sie riefen ihm zu: „He! soll's dich nicht jucken, lass andre in Ruh'!"

15. Sei ehrlich.

Heinrich fand auf der Straße ein Messer. Er besah es, und freute sich darüber; denn das Messer hatte zwei Klingen und eine schöne Schale. Er gieng beiseite, und schnitt sich eine Ruthe aus der Hecke. Da kam ein Mann des Weges, der sah den Knaben nicht. Er blickte auf den Boden, als ob er etwas suche. Heinrich sah den Mann, und dachte: Gewiß hat der das Messer verloren. Und er trat zu dem Manne hin, und fragte, was er suche. Ein Messer mit zwei Klingen in einer weißen Schale, sprach der Mann. Da griff Hein=

rich in die Tasche, und gab dem Manne das Messer, das er gefunden hatte.

Heinrich handelte **ehrlich**; er zeigte **Ehrlichkeit**.

16. Fuchs und Änte.

Fuchs. Frau Änte, was schwimmst du dort auf dem Teich? Komm doch einmal her an das Ufer gleich; ich hab' dich schon lange was wollen fragen.

Änte. Herr Fuchs, ich wüsste dir nichts zu sagen; du bist mir so schon viel zu klug, d'rum bleib' ich dir lieber weit genug.

Dem Fuchs, dem war's nur um den Braten, das hatte die Änte gar bald errathen; manch schönes Wörtlein rief er ihr zu; sie ließ ihn rufen, und schwamm in Ruh'. Da ward er verdrießlich in seinem Sinn, und schlich am Ufer knurrend hin.

17. Zu einem guten Dienste sei allezeit bereit.

Der Lehrer saß in der Schulstube, und die Kinder kamen nach und nach. Sie waren fast schon alle da, eh es Zeit zum Anfangen der Schule war. Aber sie waren heute fast alle so traurig und still, und redeten leise, und keines scherzte oder lachte.

Da fragte der Lehrer: Was ist's, daß ihr heute nicht heiter und munter seid, und einander so betrübt anschauet?

Sie schwiegen eine Weile, dann sagte ein Knabe: Ach! wir sind traurig wegen des Jakob, weil er so krank geworden ist.

Ist euch denn der Jakob so lieb? fragte der Lehrer.

Da riefen alle Kinder zusammen: O ja, sehr lieb!

Warum ist er euch denn so lieb? fragte der Lehrer wieder.

Weil er so gut und lieb ist, antworteten sie.

Ein Knabe sprach: Ich hatte einmal mein Buch verloren, da suchte es Jakob überall, und brachte es mir wieder.

Ein Mädchen sagte: Ich wollte einmal über die Straße gehen, aber ein großer Hund stand im Wege, und ich fürchtete mich sehr. Da gieng Jakob mit mir, und jagte den Hund fort.

Ein anderer Schüler sagte: Mir hat Jakob oft geholfen, wenn ich die Aufgabe nicht machen konnte.

Wieder ein anderer rief: Ich sollte einmal einen schweren Korb auf's Feld tragen, und konnte es nicht, da trug Jakob mit mir.

Eine kleine Schülerin erzählte: Als im Frühjahr das große Wasser kam, und die Straße überschwemmt war, nahm Jakob mich auf den Arm, und trug mich hinüber.

Ein größeres Mädchen sagte: Mir hat Jakob

schon oft am Brunnen geholfen, wenn ich Wasser holen mußte.

So erzählten die Kinder, und der Lehrer sprach: Ei, da hör' ich ja gar viel Schönes von Jakob; das ist ein dienstfertiger und hilfreicher Knabe; denn er leistet gern andern gute Dienste, und kommt gern andern zu Hilfe. **Dienstfertigkeit** ist gut, man liebt die **Dienstfertigen**. Wir wollen nun beten, daß Jakob wieder gesund werde.

Da wurden die Kinder ganz andächtig, und einige weinten. Der Lehrer betete vor, und die Kinder beteten laut nach: O lieber Gott im Himmel! wir bitten dich recht von Herzen, daß du unsern guten Mitschüler Jakob bald gesund werden lassest.

Jakob wurde wieder gesund; und als er das erstemal in die Schule kam, da drängten sich alle Kinder zu ihm, und grüßten ihn freundlich, und freuten sich sehr.

18. Das Lied der Vögel.

Wir Vögel haben's wahrlich gut; wir hüpfen, fliegen, singen. Wir singen frisch und wohlgemuth, dass Wald und Feld erklingen. Wir fliegen lustig hin und her, und finden, was uns schmecket; wohin wir kommen, rings umher ist schon der Tisch gedecket. Und haben wir den Tag vollbracht, husch in das Laub der Bäume! d'rin ruhen wir gar sanft die Nacht, und haben schöne Träume. Und weckt uns früh der Sonnenschein, da schwingen wir's Gefieder; wir fliegen in die Welt hinein, und singen uns're Lieder.

19. Schiebe nicht auf.

Eine fleißige Mutter hatte in ihrem Garten Gemüse aller Art. Eines Tages sagte sie zu ihrer kleinen Tochter: Lieschen, sieh da an der untern Seite des Kohlblattes die kleinen gelben Dingerchen. Das sind Eier, aus denen die Raupen kommen, welche uns den Kohl abfressen. Suche diesen Nachmittag alle Blätter ab, und zerdrücke diese Eier sorgsam. Dann wird unser Kohl immer schön grün und unversehrt bleiben.

Lieschen dachte, zu dieser Arbeit sei es allemal noch Zeit, und vergaß ihrer am Ende ganz. Die Mutter war einige Wochen nicht wohl, und kam nicht in den Garten. Als sie wieder gesund war, nahm sie das saumselige Mädchen bei der Hand, und führte es zu den Kohlbeeten, und sieh! aller Kohl war rein abgefressen. Man sah davon nichts mehr, als die Stängel und die Gerippe der Blätter. Das erschrockene und beschämte Mädchen weinte über seine Nachlässigkeit. Die Mutter aber sagte: **Thue doch, was heute sein kann, sogleich heute, und verschiebe niemals etwas auf morgen.**

Das merke dir! sprach die Mutter, und dazu noch ein anderes Sprüchlein, das auch auf diesen übel zugerichteten Blättern geschrieben steht:

Das Böse mußt du anfangs gleich vernichten, sonst wird's am Ende dich zu Grunde richten!

20. Sei nicht zornig.

Franz und Josef giengen zum Lehrer. Auf dem Wege zog Josef eine Schrift hervor, und zeigte sie dem Franz. Dieser besah die Schrift, und sagte: Ei, Josef! da hast du ja viele Fehler gemacht, und hast nicht fleißig geschrieben. Er wollte dem Josef die Fehler zeigen; der aber wurde zornig, riss ihm die Schrift aus der Hand, und gab ihm heftige Stöße mit der Faust. Franz stieß nicht wieder, sondern gieng ruhig weiter; doch sprach er: Josef, ich werde es dem Herrn Lehrer sagen, wie du mich gestoßen hast. Sag' es! antwortete Josef.

Aber als sie nahe am Hause des Lehrers waren, da zupfte Josef den Franz am Ärmel und sprach: Du, Franz! hörst du? sage dem Lehrer nichts; hörst du? ich will dich nimmer stoßen, und schlagen will ich dich auch nimmer mehr. Hörst du, Franz?

Franz kehrte sich zu Josef, und sah, dass er betrübt und ängstlich war. Josef

streckte ihm die Hand entgegen, und bat um Verzeihung. Da reichte ihm Franz die Hand und sprach: Es ist verziehen und vergessen! Josef handelte **zornig.** Franz blieb **gelassen.**
Josef **bat um Verzeihung.** Franz verzieh ihm; er war **versöhnlich.**

21. Rede wahr.

In einem heißen Sommer versiegten viele Brunnen, daß sie kein Wasser mehr gaben. In einem Dorfe, das auf einem Berge lag, waren alle Brunnen leer, und man mußte das Wasser im Thale holen. Nun giengen auch zwei Knaben mit ihren Krügen zum Brunnen in's Thal hinab, Peter und Paul.

Als sie beim Brunnen angekommen waren, wollte jeder seinen Krug zuerst füllen, und darüber bekamen sie Streit. Sie riefen einander allerlei Schimpfnamen zu, und wurden zuletzt so zornig, daß sie einander schlugen, und dabei zerbrachen sie ihre Krüge.

Nun kam aber der Schreck über sie, und wie sie heimkehrten, jeder allein und ohne Krug und ohne Wasser, da wurde ihnen recht angst; sie fürchteten sich vor der Strafe.

Es war aber nahe am Brunnen ein Mann

gewesen, der hatte alles gesehen und gehört; die Knaben jedoch hatten ihn nicht bemerkt.

Peter kam zuerst heim. Wo hast du denn das Wasser? fragte sein Vater. Peter wurde roth, und konnte nicht reden. Da fragte der Vater wieder: Du hast doch nicht den Krug fallen lassen und zerbrochen?

Nun sagte Peter: Ach, Vater, ich habe einen großen Fehler begangen. Als ich mit Nachbars Paul zum Brunnen kam, so wollte jeder zuerst schöpfen; wir bekamen Streit und zerbrachen die Krüge. Ich bitte dich, verzeihe mir, ich werde es gewiß nicht wieder thun! Der Vater ermahnte den Peter, daß er künftig friedlich und vorsichtig sei, und verzieh ihm. Darüber wurde Peters Herz erleichtert, und er liebte seinen Vater noch mehr.

Paul kam auch heim. Sein Vater wartete schon auf das Wasser, denn er war durstig. Da trat Paul vor ihn hin, und sprach: Vater, mir ist ein Unglück begegnet. Als ich am Wege ausruhete, und den Krug neben mich hinstellte, kam ein Stein vom Abhange herabgerollt, und zerschlug den Krug. Ich kann nichts dafür! Der Vater sah ihn zornig an. Aber Paul wußte nicht, daß der Mann hinter ihm stund, welcher beim Brunnen alles mit angesehen hatte. Dieser erzählte nun dem Vater, wie es hergegangen war. Da wurde der Vater sehr ernst, und züchtigte den Paul streng.

Peter redete wahr, er sprach die Wahr=

heit. Das ist recht und gut. Paul redete unwahr, er log, er sagte eine Lüge. Das ist schlecht und bös.

22. So sollst du sein!

Marie dachte oft und gern an Gott, und hatte Freude daran, von Gott etwas zu reden. Sie gieng gern in die Kirche, um Gottes Wort und die heilige Messe zu hören. Sie betete gern, und war bei dem Gebete auch andächtig. Sie dachte immer an das, was sie beim Gebete sprach. Sie that niemandem etwas zu Leide, sondern erwies vielmehr jedem Gutes, wo sie konnte, weil sie wusste, dass dieß dem lieben Gott gefällt. Sie war **fromm.**

In der Kirche bewies Marie in ihrer ganzen Haltung, dass sie es recht tief fühlte, wo sie war. Andächtig faltete sie die Hände, und schaute nicht in der ganzen Kirche umher; sondern sie heftete ihre Augen entweder auf den Priester am Altar, oder sie las im Gebetbüchlein, das sie in der Hand hielt. Während des Gottesdienstes verhielt sie sich so ruhig als möglich, und vermied alles. was andere nur im mindesten stören konnte. Sie war ehrerbietig in der Kirche.

Aber Marie hütete sich auch sorgfältig vor allem Bösen. Sie scheute sich, etwas zu denken, zu reden oder zu thun, was dem lieben Gott oder guten Menschen misfallen konnte. Sie fürchtete nichts so sehr als das, was Gott misfällig sein muß. Sie war **gottesfürchtig.**

23. Wie ein Kind fromm wird.

Vor langer Zeit lebte einmal ein gar frommer Mann, der viel Gutes gestiftet hat. Wer ihn kannte, hatte ihn lieb, weil er gut und freundlich war gegen jedermann; weil er mit den Schwachen Geduld hatte, und jedem wohlthat, wo er nur konnte. Weit und breit suchten ihn die Leute auf, denn er mußte vom lieben Gott gar schön und eindringlich zu reden. Und mancher Bösewicht wurde durch sein heiliges Wort erschüttert, und besserte sich. Aus seinen Worten und Werken erkannte man die reine Liebe zu Gott. Dieser Mann hieß Franz von Sales.

Wie mag es doch gekommen sein, daß Franz von Sales ein so frommer, heiliger Mann geworden ist? Seht, Kinder, das will ich euch sagen. Franz war schon in seiner Jugend ein frommes, braves Kind. Und als Kind hatte er die Frömmigkeit von seiner Mutter gelernt, die eine gar liebe Mutter war. Sie betete oft und gern zu dem lieben Gott; aber sie betete nicht nur, sie that auch, wie es recht war, und lebte so, wie der liebe Gott es von einer Mutter haben will.

Es vergieng kein Tag, wo sie dem kleinen Franz nicht eine gute Lehre gab; und er hat sich die Lehren alle gemerkt, wie es ein gutes Kind thun soll. Da war es nun kein Wunder, daß er immer besser, immer frömmer wurde, je mehr er heranwuchs.

Einst sprach die fromme Mutter zu ihm: „Sieh, Franz! ich liebe dich so sehr und noch mehr als mein Leben. Aber lieber wollt' ich dich dennoch gestorben sehen und im Sarge vor mir, als erfahren, daß du eine schwere Sünde begangen hast."

Diese Worte drangen dem Knaben tief in's Herz; er vergaß sie nie sein Leben lang.

Sehet ihr, liebe Kinder, was eine fromme Mutter wirken kann, und wie gut es ist, wenn man ihre Ermahnungen hört und befolgt!

24. Die Tage der Woche.

Sieben Tage und sieben Nächte machen eine Woche aus. Die sieben Tage der Woche heißen: Sonntag, Montag, Dienstag,

Mittwoch, Donnerstag, Freitag, Samstag. Der Sonntag wird der Tag des Herrn genannt. Die sechs übrigen Tage der Woche heißen **Werktage**.

Gott im Himmel hat gesprochen:
Sieben Tag' sind in der Wochen;
sechs davon will ich euch geben,
schaffet da, was hilft zum Leben;
doch der Sonntag bleibe m e i n !
Da will ich euch unterweisen,
mir zu dienen, mich zu preisen,
gut und fromm v o r m i r zu sein!
Liebes Kind, vergiss es nicht,
was der H e r r vom S o n n t a g spricht!

25. Knechte und Mägde.

V i e r K n e c h t e hab' ich mir bestellt, die helfen durch die ganze Welt; die steh'n mir bei mit frischem Muth, und richten alles treu und gut.

Der erste, der heißt: A u f m i t d e m h a h n !
Der zweite, der heißt: S e l b s t g e t h a n !
Der dritte, der heißt: F o l g a u f d e n w i n k !
Der vierte, der heißt: A r b e i t f l i n k !

Vier Mägde hab' ich mir bestellt, die thun, was jedem wohlgefällt; die rasten nicht und ruhen nicht, bis alles schön ist hergericht'.
Die erste, die heißt: Haltdichrein!
Die zweite, die heißt: Schickdichdrein!
Die dritte, die heißt: Säumnichtlang!
Die vierte, die heißt: Bittunddank!

26. Das Jahr.

Zu einem Monate gehören vier Wochen, zu einem Jahre gehören zwölf Monate. Die zwölf Monate des Jahres heißen Januar, Februar, März, April, Mai, Juni, Juli, August, September, Oktober, November, Dezember. Drei Monate gehören zu einem Vierteljahre. Es gibt vier Jahreszeiten; sie heißen Früh-

ling, Sommer, Herbst und Winter. Der Frühling trifft in die Monate März, April und Mai; der Sommer in der Juni Juli und August; der Herbst in der September, Oktober und November; der Winter in der Dezember, Januar und Februar. Die heiligen Zeiten im Jahre sind: Weihnachten, Ostern und Pfingsten.

27. Der Frühling.

Die schönste Jahreszeit ist der Früh=
ling. Da gibt es überall neues, frisches
Leben, während im Winter alles abgestor=
ben und öde war. Da sprossen Gräser,

Blumen und Kräuter. Da schmücken sich die Bäume mit Blättern und Blüten. Da scheint die Sonne wieder wärmer, und ladet die Kinder zum fröhlichen Spiele ein. Da kommen wieder die muntern Vögelein aus fernem Lande, und singen und bauen ihre Nester in Gärten und Wäldern. Da quaken die Frösche in Sümpfen und Teichen; die fleißigen Bienen sammeln Wachs und Honig aus Blumen und Blüten, und der fleißige Landmann zieht am frühen Morgen zur Arbeit auf das Feld hinaus.

In den Frühling fällt die heilige Osterzeit. Der **Charfreitag** ist der Todestag des Herrn; der heilige Ostersonntag ist der Auferstehungstag des Herrn.

Charfreitag.

Jesus hängt erhöhet; Christen, kommt und sehet, wie er für uns stirbt und das Heil erwirbt.
Dass wir mit ihm erben, wollt' er für uns sterben. Sünder kreuzigen ihn: lasst die Sünd' uns flieh'n.

Ostertag.

Wie der Herr erstanden, frei von Todesbanden, aus des Grabes Nacht: so wird er uns wecken, wenn uns Gräber decken, zu des Himmels Pracht.

Sterb' ich auch nun, wer weiß wie bald, nimmt mir der Tod mein Leben: mein Heiland hat noch mehr Gewalt, er kann mir's wieder geben.

Nach seiner Auferstehung wandelte der Herr Jesus noch vierzig Tage unter seinen Jüngern; dann fuhr er vor den Augen seiner Apostel in den Himmel, wo er sitzet zur Rechten des Vaters. Zehn Tage später sandte er den heiligen Geist, den Tröster, den er ihnen so oft versprochen hatte. An die Himmelfahrt Jesu denken wir am Himmelfahrtstage, an die Sendung des heiligen Geistes zu Pfingsten.

Pfingsten ist es, Kinder hört, was uns dieser Tag beschert: Gott hat seinen Geist gesendet, der uns zu der Weisheit wendet.

Heiliger Geist, ich bitte dich, Pfingsten ist's, komm auch auf mich! Lass von nun an mich auf Erden auch ein Kindlein Jesu werden.

Lehre mich und steh mir bei, dass ich recht verständig sei, dass ich stets auf Gottes Werke und auf seinen Willen merke!

Diese beiden Feste treffen auch noch in den Frühling. Aber da ist alles schon in schönster Blüte. Das Getraide ist hochgewachsen und bekommt Ähren. Zu Pfingsten schmücken wir unsere Wohnungen mit grünen Reisern. Warum wohl?

28. Der Sommer.

Auf den Frühling folgt der Sommer. Die Tage werden heißer, und wir suchen gern den angenehmen Schatten. Das Getraide reift zur Ernte; mit herrlichem Geruch dann sind die Bäume beladen. Alle Geschöpfe freuen sich der Gaben, womit der liebe Gott die Erde segnet. — Zuweilen aber ziehen große Gewitter auf mit Donner und Blitz und starken Regengüssen. Es hagelt wohl auch, und große runde Eisstücke fallen hernieder und zerschlagen die Früchte der Felder. Aber auch die Gewitter haben ihren Nutzen; sie reinigen die Luft und machen die Erde fruchtbar.

Gott sendet Thau und Regen, er sendet Sonnenschein; da glänzt das Feld von Segen, und wir — wir ärnten ein.

Gottes Auge.

Vögel spielen in der Luft, Blumen geben süßen Duft; Schmetterling schwebt leise fort, Küh' und Schafe weiden dort.

In dem Wald steht Baum und Strauch, springen Reh' und Hirsche auch; Gottes Auge sieht auf sie, schützt und nährt sie spät und früh.

Das Gewitter.

Wolken kommen hergezogen, und der Vogel singt nicht mehr; Winde sausen hin und her, dunkel wird's am Himmelsbogen.

Rothe Flammen zucken nieder, und der Donner rollt und schallt; rauschend über Flur und Wald strömen Regengüsse nieder.

Aber wenn's auch blitzt und krachet, stehen wir in Gottes Hand, der den Blitz hat hergesandt, und das gute Kind bewachet.

Der Regenbogen.

Ein Himmelsbogen! kommt und schaut! Ihn hat der liebe Gott gebaut. Er ist so roth, so blau, so schön, hab' niemals solche Pracht geseh'n!

29. Der Herbst.

Vater und Franz.

Franz. Lieber Vater, du sagst, der Herbst sei schon da; sage doch, warum? es ist ja noch so warm, wie im Sommer.

Vater. Du hast Recht, mein Kind. Doch eben daraus magst du sehen, wie weise der liebe Gott diese Welt eingerichtet hat, da der Wechsel der Dinge nicht so augenblicklich geschieht.

Franz. Wie meinst du das, Vater?

Vater. Denke dir einen heißen Sommertag. Wie schwer würde es uns ankommen, wenn nach einem solchen Tage uns auf einmal die Kälte des Winters überfiele! Darum hat der liebe Gott zwischen den Sommer und den Winter den Herbst; und zwischen den Winter und den Sommer den Frühling gesetzt.

Franz. Ach ja, lieber Vater! so thut der liebe Gott. Ich kann ja auch heute nicht klein sein und morgen schon groß wie du.

Vater. Aber sieh! der Herbst hat dennoch seine bestimmten Kennzeichen. Die Tage werden kürzer; die Nächte werden länger; die Luft wird immer kühler; und wie sieht es auf den Feldern aus?

Franz. Das weiß ich, Vater! die Früchte sind reif geworden und einge= ärntet in die Scheuern. Die Landleute ackern und besäen das Feld von neuem wieder.

Vater. Wenn alles Obst abgenommen ist und die Weinstöcke leer sind von Trau= ben, dann färbt sich das Laub gelb und roth, und fällt allmählich ab.

Franz. Nicht wahr, lieber Vater, der Herbst ist auch die Zeit, wo die Lerchen und Schwalben in fremde Länder ziehen, und die andern Zugvögel auch, von denen uns der Herr Lehrer sagte, daß sie im Frühlinge zu uns kommen und warmes Wetter mitbringen?

Vater. So ist es, mein lieber Franz! Du siehst, wenn Kinder recht Acht geben, so lernen sie manches von selbst kennen und einsehen.

Herbsteszeit, reiche Zeit, Gott hat Segen ausgestreut, dass sich alle Bäume neigen von den fruchtbelad'nen Zweigen; schaut umher mit Vaterblicken, wie sich alle d'ran erquicken. Menschen, nehmt die Gabe gern; aber danket auch dem Herrn!

30. Der Winter.

Ach wie öde und todt ist doch alles rings umher! Die Bäume sind kahl, Felder und Wiesen sind leer, keine Blume blüht, und alles Gras ist abgestorben. Alle die Sommergäste, welche die Wälder und Fluren belebten, und uns mit ihren Gesängen erfreuten, sind fort;

gezogen, und die heimischen Thiere kommen nun zum Vorschein, um ihre spärliche Mahlzeit zu suchen.

Gleichwohl, liebe Kinder, hat der Vater im Himmel seine segnende Hand nicht von uns abgezogen. Für das Brot des Winters sorgte er durch die Ernte des Herbstes. Schon sind die Saaten hervorgewachsen und geben den Thieren des Feldes ihre Nahrung, so wie ihnen ein starkes Gefieder und ein warmer Pelz das schützende Winterkleid gibt. Und den häufig fallenden Schnee, ist er nicht für die ganze Erde die wunderbarste Sache?

In dem Winter fällt auch, liebe Kinder, ein schönes Fest, das den Kindern liebstes ist, das heilige Weihnachtsfest. Da gedenken wir der unendlichen Liebe des himmlischen Vaters. So sehr hat er die Welt geliebt, dass er seinen eingebornen Sohn für sie dahingab.

Aus übergroßen Freuden beschenken gute Menschen einander, und folgsamen Kindern erhalten manche schöne Gabe, die ihnen das heilige Christ einlegt.

* * *

Weihnachten.

Höret ihr die Englein singen: „Ehre sei Gott in den Höh'n!" Sollen uns den Frieden bringen, wenn wir um das Kripplein steh'n.,

Heiliger Christ, sei uns willkommen. der du sprichst voll Lieblichkeit: „Lasst die Kleinen zu mir kommen!" segne mich in Liebe heut.

Mache mich zu deinem Kinde, lass mein Herz von Flecken rein; halte fern mich von der Sünde, segne mich, ich bin noch klein!

Sprüche und Lieder.

Im Namen Gottes.

Im Namen Gottes fang' ich an; mir helfe Gott, der helfen kann. So Gott mir hilft, wird alles leicht; wo Gott nicht hilft, wird nichts erreicht. D'rum ist das beste, was ich kann: Im Namen Gottes fang' ich an!

Am Morgen.

Mein Gott, vorüber ist die Nacht, gesund und froh bin ich erwacht; behüte du mich diesen Tag, daß ich nichts Böses lernen mag.

Gott im Himmel, es beginnt jetzt ein neuer Tag; hilf, daß ich dein liebes Kind heute bleiben mag; daß ich niemand thu' ein Leid, fromm und folgsam sei, meine lieben Ältern heut und allezeit erfreu'.

Vergangen ist die finst're Nacht, und ich bin fröhlich aufgewacht. Was geb' ich dir denn, Gott des Lichts? ich armes Kind, ich habe nichts, als daß ich dir aus Herzensgrund recht danke für den Schlaf, und dir versprech' mit meinem Mund: fromm will ich sein und brav, daß deine Hand mich stets bedeckt, und immer fröhlich auferweckt.

Erquickt vom Schlafe wach' ich auf, und schau', o Gott, zu dir hinauf.

Dein Vateraug' hat in der Nacht mich treu beschützet und bewacht.

Beware mich auch diesen Tag, daß mich kein Übel treffen mag.

So lang ich leb' in dieser Welt, so will ich thun, was dir gefällt.

Am Abend.

Gott, der du heute mich bewacht, beschütze mich auch diese Nacht. Du wachst für alle, groß und klein, d'rum schlaf' ich ohne Sorgen ein.

Jesu, ich bin dein, du bist mein; in deinem Namen schlaf' ich ein.

Herr Jesu, dir befehl' ich mich, woll'st mich behüten gnädiglich. Laß deine treuen Engelein, indes ich schlafe, bei mir sein!

Du lieber Gott, du bist so gut, dein Auge nimmer schläft noch ruht, du gibst' auf all' die deinen Acht, beschütz' auch mich in dieser Nacht. Vor deinem Aug', das alles sieht, wohl keinem Kind ein Leid geschieht!

Ich bin noch schwach, ich bin noch klein, du **guter Gott**, wirst bei mir sein. Dann fürcht' ich nicht die finst're Zeit; ich weiß, mir widerfährt kein Leid. Dann schlaf' ich wohl, bis kommen mag auf dein Gebot ein neuer Tag!

Vor der Schule.

Von deiner Weisheit, Gott, sind wir bestimmt zum Fleiß auf Erden; du willst es, daß wir alle hier einander nützlich werden. Gib uns zum Lernen Lust und Kraft; gib uns die Gnad', gewissenhaft zu thun, was du geboten.

Die Jugend ist die Zeit der Saat; das Alter ärntet Früchte. Wer jung nicht, was er sollte, that, des Hoffnung wird zunichte. Den Fleiß belohnt die Ewigkeit; doch die verlor'ne Jugendzeit kann niemand wiedergeben.

Nach der Schule.

Die Stunden weiser Lehre sind, lieber Gott, dahin! Gib, daß sie dir zur Ehre, uns seien zum Gewinn.

Wem wohlgenutzt die Stunden des Tags vorübergeh'n, dem lohnet Ruh' im Herzen, dem ist der Abend schön.

Der wird sich seiner Jugend noch spät im Alter freu'n, wird froh zu Grabe gehen, dann ewig glücklich sein.

Vor Tische.

1. Himmelvater! was da lebet, lebt von deiner milden Hand; deine Güte hat auch heute Speis' und Trank uns zugesandt.

Segne uns und diese Speisen! gib uns, Herr! Genügsamkeit und ein Herz, das auch den Armen mitzutheilen sich erfreut.

2. Wir haben Suppe, wir haben Brot, und mancher Arme leidet Noth. Wir sind vergnügt und sind gesund, und mancher ist gar krank und wund.

Du lieber Gott, nimm unsern Dank, daß wir gesund sind und nicht krank; du lieber Gott, laß uns dich preisen für Brot und Suppe, die wir speisen.

Wir können dir ja sonst nichts geben, als nur dich loben und erheben; wir können dir ja sonst nichts bringen, als unser Herz; **dieß laß gelingen!**

Nach Tische.

1. **Himmelvater!** deine Gaben haben uns gestärkt, erquickt. Dankend preisen wir die Güte, die uns täglich neu beglückt.

Wir versprechen, dir vertrauend, deinem Dienste uns zu weih'n: daß wir auch beim Himmelsmahle einstens deine Gäste sei'n.

2. Wir alle sind erquickt und satt, weil Gott uns selbst gesättigt hat.

Noch haben Suppe wir und Brot, d'rum komm herbei, wer in der Noth:

Du kranke Frau, du blinder Mann, und wer sonst nichts verdienen kann.

Und wen da hungert auf der Reise, er komm, wir haben Trank und Speise.

O Gott, du wirst die Hand mit Segen auch auf das Haupt der Armen legen, daß alle Menschen ohne Wanken in alle Ewigkeit dir danken.

Spruch für den ganzen Tag.

Des Morgens, wenn ich früh aufsteh', und abends, wenn ich schlafen geh', seh'n meine Augen, Herr, auf dich; **Herr Jesu,** dir befehl' ich mich!

Nimm du dich deines Kindes an, und führe mich auf rechter Bahn, auf daß ich glücklich diesen Tag in Freud' und Dank beschließen mag.

Jesus.

Reich an jeder guten Gabe, reich an Tugend und Verstand, Jesus, welch ein frommer Knabe warst du an der Mutter Hand, warst du in des Vaters Hütte, warst du in der Lehrer Mitte! Jesus, Gott und Mensch zugleich, leite mich durch deine Gnade auf der Tugend sicherm Pfade hin zu dir in's Himmelreich.

Schulkind, merk' es dir!

Die Thür der Schule öffne leise, und tritt hinein auf artige Weise: das wird den Lehrer stets erfreu'n, und dir ein guter Anfang sein.

Ein frommer Gruß aus deinem Mund, den Schülern gibt er allen kund, dass einer kam, der fühlt und weiß: **Wir lernen hier zu Gottes Preis.**

Fromm falte zum Gebet die Hände, zu **Gott** dein Herz und Auge wende, damit, so wie an Alter, du an Gnad' und Weisheit nehmest zu.

Das Lernen, Kind, ist deine Pflicht. Drum schwätze nicht und tändle nicht. Denk stets: Wenn ich zur Schule komm', so muß ich artig sein und fromm. Nur dann hat mich der Lehrer gern, wenn ich bei ihm recht fleißig lern'. Was immer er mir zeigt und sagt, das merk'

ich gut, und wenn er fragt, dann sprech' ich
laut und wohlbedacht. So ist es allzeit recht
gemacht.

Was du gebraucht, das leg' sofort an den
ihm angewies'nen Ort. Dann bleibt es lange ganz
und rein, und wird zur Hand dir immer sein.

Verlangest du hinauszugeh'n, so frag erst
deinen Lehrer schön. Doch thu es niemals
ohne Noth: so lautet hier das Schulgebot.

Was dir der Lehrer sagt, das thu; was
er verbietet, lasse du. Denn seinen Lehrer
kindlich lieben, ist ja des Schülers erste Pflicht;
durch Ungehorsam ihn betrüben, das thäte
nur ein Bösewicht.

Die Wahrheit red' in allen Dingen, und
mag sie dir auch Strafe bringen. Gott hilft
nur dem, der Wahrheit spricht; dem bösen
Lügner hilft er nicht!

Was Anlass gibt zu Zank und Streit, das
sei von dir vermieden, und wo der and're
sich entzweit, da stifte du den Frieden.

Kannst du gefällig sein, mein Kind, so sei es gern, und hilf geschwind. Das macht beliebt, und jedermann freut sich, wenn er **dir** helfen kann.

Kommst aus der Schule du zurück, so säume keinen Augenblick, und grüße laut und freundlich wieder die lieben Ältern, Schwestern, Brüder. Dann lege deine Bücher schnell an die gewohnte sich're Stell'!

Zu Hause sei bescheiden, still, und thue, was die Mutter will. Und **was** der gute Vater spricht, befolge schnell und zög're nicht. Frag' niemals erst: Warum? wozu? **Sie meinen's gut, d'rum folge du.**

Druck von Karl Gorischek in Wien.